$15.95

D0844560

BOOK WORMS

Nature's Cycles
Animals

Los ciclos de la naturaleza
Los animales

Dana Meachen Rau

Marshall Cavendish
Benchmark
New York

2

A dog was once a puppy. A cat was once a kitten. Baby animals grow up to be adult animals. Adult animals have more babies. That is called a *life cycle*.

Un perro fue alguna vez un cachorro. Un gato fue alguna vez un gatito. Las crías de los animales crecen hasta ser animales adultos. Los animales adultos tienen más crías. A eso se le llama el *ciclo de vida*.

Some babies come out of a mother's body. These animals are *mammals*.

Baby chipmunks are pink and tiny when they are first born. Soon, they will grow fur and open their eyes.

Algunas crías salen del cuerpo de una madre. Estos animales son *mamíferos*.

Las crías de las ardillas listadas son rosadas y diminutas cuando nacen. Pronto les saldrá pelaje y abrirán los ojos.

Some babies start from eggs. Eggs can be hard. A baby lizard has to crack open an egg to get out.

Algunas crías salen de huevos. Los huevos pueden ser duros. Una cría de lagarto tiene que romper el huevo para poder salir.

Some eggs are soft. Fish lay soft eggs in the water.

Algunos huevos son blandos. Los peces ponen huevos blandos en el agua.

Tiny fish, called *fry*, come out and start to swim.

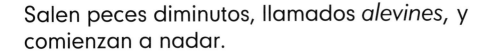

Salen peces diminutos, llamados *alevines*, y comienzan a nadar.

Babies need food! A mother bird brings worms to her *hatchlings*. A little caterpillar munches on leaves. A young fox drinks its mother's milk.

¡Las crías necesitan alimento! El pájaro madre lleva gusanos a sus *polluelos*. Una oruga pequeña mastica hojas. Un zorro joven bebe la leche de su madre.

Some babies look a lot like their parents. They are just smaller. A foal looks like a horse.

Algunas crías se parecen mucho a sus padres. Simplemente son más pequeñas. Un potro se parece a un caballo.

A baby monkey looks a lot like his mother.

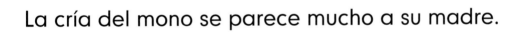

La cría del mono se parece mucho a su madre.

Other babies do not look like their mothers at all!
A caterpillar is a baby butterfly or moth.

¡Otras crías no se parecen a sus madres en
absoluto! Una oruga es la cría de una mariposa
o de una polilla.

A tadpole is a baby frog.

Un renacuajo es la cría de una rana.

Some babies do not need their mothers. *Newborn* snakes and lizards go out to live on their own.

❖

Algunas crías no necesitan a sus madres.
Las serpientes y los lagartos *recién nacidos* sobreviven por su cuenta.

Other babies stay with their mothers.
A kangaroo carries her baby in a pouch.

Otras crías se quedan con sus madres.
El canguro lleva a su cría en una bolsa.

The mother teaches her baby how to live.
A lioness teaches her cubs how to hunt.

La madre enseña a su cría cómo vivir.
Una leona enseña a sus cachorros a cazar.

A mother crane shows her chicks how to fly. Babies stay with their mothers until they can live on their own.

La grulla madre enseña a sus polluelos a volar. Las crías se quedan con sus madres hasta que pueden vivir por su cuenta.

Food helps all animals grow. Growing means changing. Young animals will grow to become adults. Boy animals are called *males*. Girl animals are called *females*.

El alimento ayuda a todos los animales a crecer. Crecer significa cambiar. Los animales jóvenes crecerán para ser adultos. Los animales de sexo masculino se llaman *machos*. Los animales de sexo femenino se llaman *hembras*.

A male and female greet each other. They might do a dance. They might show off. Then they *mate*. Mating is making more babies.

Un macho y una hembra se saludan. Quizás hagan un baile. Quizás se exhiban. Luego se *aparean*. Aparearse es hacer más crías.

Some babies grow inside the female. A hamster grows inside its mother for more than two weeks.

Algunas crías crecen dentro de la hembra.
Un hámster crece dentro de su madre durante más de dos semanas.

An elephant grows inside its mother for almost two years. When the baby is big enough, the female gives *birth*.

———————◆———————

Un elefante crece dentro de su madre durante casi dos años. Cuando la cría es suficientemente grande, la hembra *pare*.

Some females lay eggs. Babies grow inside
the eggs outside of the female's body.

Algunas hembras ponen huevos. Las crías
crecen dentro de los huevos, fuera del cuerpo
de la hembra.

The babies *hatch* out of the eggs.

Las crías *salen del cascarón* de los huevos.

Some animals give birth to one baby at a time. Other animals have many. A dolphin has one baby. A spider lays 100 eggs! The life cycle starts again.

Algunos animales tienen una cría a la vez. Otros animales tienen muchas. Un delfín tiene una cría. ¡Una araña pone 100 huevos! El ciclo de vida comienza de nuevo.

Challenge Words

birth—When a live baby comes out of a mother's body.

females—Girl animals.

fry—Baby fish.

hatch—To break out of an egg.

hatchlings—Baby birds that come out of an egg.

life cycle—The series of things that happen over and over again as a baby is born, grows, and has more babies.

males—Boy animals.

mammals—Animals that have hair or fur, give birth to live young, and drink mother's milk.

mate—To make babies.

newborn—Just born from an egg or a mother's body.

Palabras avanzadas

alevines—Crías de peces.

aparearse—Hacer crías.

ciclo de vida—Serie de cosas que suceden una y otra vez, conforme una cría nace, crece y tiene más crías.

hembras—Animales de sexo femenino.

machos—Animales de sexo masculino.

mamíferos—Animales que tienen pelo o pelaje, paren crías vivas y beben la leche de su madre.

parir—Cuando una cría viva sale del cuerpo de la madre.

polluelos—Crías de pájaros que salen de un huevo.

recién nacido—Acabado de nacer de un huevo o del cuerpo de una madre.

salir del cascarón—Nacer de un huevo.

Index

Page numbers in **boldface** are illustrations.

Índice

Las páginas indicadas con números en **negrita** tienen ilustraciones.

*The author would like to thank Paula Meachen
for her scientific guidance and expertise in reviewing this book.*

With thanks to Nanci Vargus, Ed.D.,
and Beth Walker Gambro, reading consultants.

Marshall Cavendish Benchmark
99 White Plains Road
Tarrytown, New York 10591
www.marshallcavendish.us

Text copyright © 2010 by Marshall Cavendish Corporation

Library of Congress Cataloging-in-Publication Data

Rau, Dana Meachen, 1971–
[Animals. Spanish & English]
Animals = Los animales / by Dana Meachen Rau.
p. cm. — (Bookworms. Nature's cycles = Los ciclos de la naturaleza)
Includes index.
Parallel text in English and Spanish; translated from the English.
ISBN 978-0-7614-4787-0 (bilingual ed.) — ISBN 978-0-7614-4093-2 (English ed.)
1. Animal life cycles—Juvenile literature. I. Title. II. Title: Animales.
QL49.R35818 2010
590—dc22
2009019018

Editor: Christina Gardeski
Publisher: Michelle Bisson
Designer: Virginia Pope
Art Director: Anahid Hamparian

Spanish Translation and Text Composition by Victory Productions, Inc.
www.victoryprd.com

Photo Research by Anne Burns Images

Cover Photo by *Peter Arnold, Inc.*/Klein

The photographs in this book are used with permission and through the courtesy of:
Peter Arnold, Inc.: pp. 1, 15 Ed Reschke; p. 2 WILDLIFE; p. 8 Klaus Jost; p. 17 Roland Seitre;
p. 18 BIOS Michel & Christine Denis-Huot; p. 23 BIOS/Matt Alexander; p. 28 Jonathan Bird.
Photo Researchers: p. 5 Tom McHugh; p. 13 Dr. P. Marazzi; pp. 26, 27 E. R. Degginger. *Animals Animals*:
p. 6 Zigmund Leszczynski; p. 9 David Dennis; p. 19 Tom Lazar; p. 24 Fabio Medeiros Colombini;
p. 25 Klaus-Peter Wolf. *Corbis*: p. 11 Lightscapes Photography, Inc.; p. 16 David A. Northcott.
Getty Images: p. 12 John Kelly; p. 14 altrendo nature; p. 20 Freudenthal Verhagen.

Printed in Malaysia
1 3 5 6 4 2

DATE DUE